DESCRIPTION

DE NOUVEAUX

DAGUERRÉOTYPES

PERFECTIONNÉS ET PORTATIFS,

AVEC

L'INSTRUCTION DE M. DAGUERRE, ANNOTÉE,

ET DES

MÉTHODES POUR FAIRE DES PORTRAITS ET POUR OBTENIR DES ÉPREUVES APRÈS QUELQUES SECONDES D'EXPOSITION A LA LUMIÈRE, ETC.

PAR BURON,

Ingénieur-Opticien, Fabricant d'Instrumens d'Optique et de Mathématiques.

Prix: 75 Centimes.

A PARIS,

Chez BURON, Ingénieur-Opticien, rue des Trois-Pavillons, n° 10;
BACHELIER, Libraire, quai des Augustins, n° 55,
ET CHEZ LES PRINCIPAUX OPTICIENS DE LA FRANCE ET DE L'ÉTRANGER.

1841

DESCRIPTION

DE NOUVEAUX

DAGUERRÉOTYPES

PERFECTIONNÉS ET PORTATIFS.

IMPRIMERIE DE Mme Ve DONDEY-DUPRÉ,
rue Saint-Louis, 46, au Marais.

DESCRIPTION

DE NOUVEAUX

DAGUERRÉOTYPES

PERFECTIONNÉS ET PORTATIFS,

AVEC

L'INSTRUCTION DE M. DAGUERRE, ANNOTÉE,

ET DES

MÉTHODES POUR FAIRE DES PORTRAITS ET POUR OBTENIR DES ÉPREUVES APRÈS
QUELQUES SECONDES D'EXPOSITION A LA LUMIÈRE, ETC.

PAR BURON,

Ingénieur-Opticien, Fabricant d'Instrumens d'Optique et de Mathématiques.

Prix: 75 Centimes.

A PARIS,

Chez BURON, Ingénieur-Opticien, rue des Trois-Pavillons, n° 10 ;
BACHELIER, Libraire, quai des Augustins, n° 55,
ET CHEZ LES PRINCIPAUX OPTICIENS DE LA FRANCE ET DE L'ÉTRANGER.

1841

DESCRIPTION

DE NOUVEAUX

DAGUERRÉOTYPES

PERFECTIONNÉS ET PORTATIFS.

La découverte de M. Daguerre a été accueillie avec un enthousiasme général, non seulement en France, mais encore dans tou les pays où les sciences et les arts sont en honneur.

 n'était personne en effet qui, en admirant les images données par la chambre obscure, ne formât des vœux pour que l'on pût trouver le moyen de les fixer. Ces vœux, jusque alors stériles, sont enfin accomplis, et chacun aujourd'hui peut obtenir et conserver ces charmans dessins, qui réunissent à une délicatesse infinie dans les détails linéaires, la plus parfaite dégradation des teintes provenant de la perspective aérienne.

M. Daguerre a publié, au mois d'août 1839, la description de son procédé. Depuis cette époque on a cherché à en analyser la cause et les effets ; on a aussi tenté d'en perfectionner la manipulation. Il faut le dire, malgré les recherches auxquelles se sont livrés des hommes éminens par leur savoir, la véritable théorie du daguerréotype est encore un mystère. Sous le rapport pratique seulement, de notables améliorations ont été ajoutées aux premières prescriptions de M. Daguerre.

Je ne parle pas des louables efforts qui ont été faits pour obtenir des dessins photogéniques sur des papiers rendus sensibles par des préparations chimiques. Là s'ouvre une nouvelle carrière, dont sans doute on atteindra honorablement le but. Mais jusqu'à ce jour les résultats obtenus ne sont que des essais plus ou moins heureux, et quoique très-importans sous le rapport scientifique, ces résultats ne peuvent encore, quant à la perfection de l'effet, déshériter le daguerréotype de son incontestable supériorité.

Le vif intérêt qui s'est attaché à la découverte de M. Daguerre n'est pas de nature à subir ce refroidissement qui, trop souvent, vient à la suite d'une grande vogue. Destiné à fournir aux sciences et aux arts des moyens d'action puissans, le daguerréotype ne peut lasser la curiosité publique. Déjà sa place est marquée dans les cabinets de physique : il se trouvera bientôt aux mains de tous ceux qui, par étude ou par goût, voudront obtenir la représentation exacte des formes de la nature et celle des monumens.

Diverses circonstances cependant ont pu s'opposer à ce que l'usage de cet important instrument se répandît plus généralement : les appareils tels qu'ils ont été construits dans le principe, étaient d'un prix assez élevé, et par cela même inaccessibles à beaucoup de fortunes. D'un autre côté, leur volume était trop considérable pour qu'on les transportât aisément. C'était donc faire une chose utile que de rechercher telle forme de construction plus simple qui permît à la fois d'en diminuer le prix et le poids. J'y ai travaillé avec persévérance.

Les appareils que je construis sont établis sur trois grandeurs différentes. Leur prix, déjà fort réduit pour le plus grand modèle, diminue progressivement pour le moyen et le petit. Par une nouvelle disposition de la chambre noire et des pièces accessoires, je suis parvenu à ramener l'instrument complet à une dimension telle qu'on peut aisément le porter à la main. Le poids a été aussi singulièrement diminué : dans les anciens appareils, il n'était pas inférieur à 50 kilogrammes ; dans les miens, il n'excède pas 3 1/2, 7 et 12 kilogrammes.

Les daguerréotypes fabriqués dans mes ateliers ne sont point à l'état d'essai. Depuis long-temps ils sont livrés au commerce et répandus en France et à l'étranger. Partout ils ont donné des résultats au moins égaux, s'ils ne sont supérieurs, à ceux produits par les instrumens construits d'après les données de l'inventeur. Mais comme leur disposition diffère beaucoup de celle décrite dans l'instruction de M. Daguerre, je me trouve amené, pour satisfaire aux demandes de mes commettans, à en publier la description.

Tel est le but de la présente notice.

Pour la compléter de toutes les indications qui sont nécessaires à ceux qui font usage du daguerréotype, j'y ai réuni :

1° L'instruction textuelle de M. Daguerre, adaptée à l'usage de mes appareils, et à laquelle j'ai ajouté, sous forme de notes, tout ce que l'expérience a confirmé devoir être utile au succès des belles épreuves;

2° Le procédé donné par M. Fizeau pour le fixage des épreuves;

3° Des méthodes pour faire les portraits au daguerréotype et pour obtenir des épreuves après quelques secondes seulement d'exposition à la lumière;

4° Une note sur les effets optiques de la chambre noire appliquée aux expériences du daguerréotype.

DAGUERRÉOTYPE.

DESCRIPTION DE L'APPAREIL.

L'instrument appelé daguerréotype se compose de plusieurs pièces qui sont représentées dans la planche ci-jointe et dont suit le détail :

1° Chambre noire munie d'accessoires particuliers, *fig.* 2, 3, 4.
2° Boîte à iode, *fig.* 5.
3° Boîte à mercure, *fig.* 6.
4° Boîte contenant les produits chimiques, etc., *fig.* 7.
5° Gril en fer pour chauffer les plaques, *fig.* 8.
6° Deux bassines et un égouttoir en cuivre étamé, *fig.* 9.
7° Boîte pouvant contenir de 6 à 12 plaques, *fig.* 10.
8° Carton pour le coton.

Ces diverses pièces, lorsque l'appareil n'est pas en expérience, se placent dans la chambre noire, dont la coupe, représentée *fig.* 1re, permet de voir l'aménagement intérieur. *A* est la boîte au mercure repliée sur elle-même; l'objectif de la chambre obscure *B* se place dans cette boîte sur un tasseau particulier; *C* est le carton qui renferme le coton; à côté de ces deux pièces et masquée par elles dans la figure, se trouve la boîte à plaques, *fig.* 10; *D* est la boîte de réactifs; *E* les bassines et l'égouttoir emboîtés l'un dans l'autre; *F* la boîte à iode; *G* le gril de fer; *H I* les deux cadres et leur support qui servent à la chambre obscure.

L'appareil ainsi complet est établi sur trois dimensions différentes :

Le modèle n° 1 sert aux grandes plaques de 216 millimètres de longueur, sur 164 millimètres de largeur. La chambre noire est pourvue d'un objectif de 81 millimètres de diamètre, et de 38 centimètres de foyer.

Le modèle n° 2 est destiné aux demi-plaques (164 sur 108 millimètres); l'objectif est de 54 millimètres de diamètre et de 27 centimètres de foyer.

Le modèle n° 3 reçoit des quarts de plaques (108 sur 82 millimètres); l'objectif n'a que 40 millimètres de diamètre, son foyer est de 20 centimètres.

Chacun de ces trois modèles comprend les mêmes accessoires. Toutes les boîtes, construites en bois de sycomore, sont solidement assemblées et parfaitement vernies. Sur le dessus de la chambre se trouve une poignée en cuivre au moyen de laquelle l'instrument complet est porté à la main.

FIGURE 7, BOITE DES PRODUITS CHIMIQUES, ETC.

Cette boîte renferme une lampe à alcool, en cuivre, deux petits cartons contenant du tripoli, et six flacons bouchés à l'émeri dans lesquels se trouvent : de l'huile d'olive, de l'eau acidulée, de l'alcool, de l'iode, du mercure et de l'hyposulfite de soude en cristaux.

La boîte du modèle n° 3 n'a que quatre flacons : on a dû, par défaut d'espace, supprimer l'huile d'olive et l'alcool, qu'on peut aisément se procurer partout.

FIGURE 5, BOITE A IODE.

Cette boîte forme un caisson qui s'ouvre à la surface supérieure et sur le côté, ainsi que l'indique la figure. Des rainures parallèles, et espacées chacune d'un centimètre, sont disposées intérieurement pour recevoir la planchette P, qui entre et sort à volonté par l'ouverture latérale placée en A.

Pour préparer cette boîte on répand sur le fond, entre deux cardes de coton, quelques fragmens d'iode. La petite planchette P, sur laquelle on a préalablement collé plusieurs feuilles de papier, se glisse dans la rainure la plus rapprochée de l'iode, et reçoit ainsi, jusqu'à saturation, les vapeurs émanées de cette substance, et divisées par la couche de coton qu'elles ont traversée. (Quand la boîte ne doit pas servir, une lame de verre s'applique sur le coton pour le contenir, le comprimer, et empêcher les émanations de l'iode de pénétrer dans l'intérieur de l'appareil.)

Lorsque l'on veut ioder une plaque, on tire la planchette P de la rainure où elle a reçu les vapeurs d'iode et on la glisse en sens inverse, c'est-à-dire la surface iodée en dessus, dans l'une des rainures supérieures. La plaque est ensuite posée en regard sur quatre tasseaux placés en haut de la boîte, et elle ne tarde pas, dans cette position, à être complètement iodée. La durée de l'opération, qui ne dépasse jamais dix minutes, peut être à volonté avancée ou ralentie en rapprochant ou en éloignant la planchette iodante.

Lorsque la plaque est arrivée à l'état convenable, la planchette P est remise à sa première position, et elle se trouve toujours prête pour une nouvelle expérience, tant qu'il y a au fond de la boîte de l'iode en évaporation.

FIGURES 2, 3 ET 4, CHAMBRE NOIRE.

La boîte qui sert d'enveloppe aux divers accessoires du daguerréotype devient la chambre obscure lorsque l'on y a adapté l'objectif A. Elle est noircie intérieurement pour détruire les réflexions latérales, et elle a en B une ouverture à charnières.

L'objectif est fixé dans une monture de cuivre qui se compose d'un double tube mobile portant à l'une de ses extrémités le barillet contenant les verres, et à l'autre un diaphragme muni d'un opercule qui se ferme et s'ouvre à volonté (1).

---

(1) Si l'objectif avait été démonté, il faudrait avoir grand soin de le replacer dans le barillet, la surface convexe du côté qui regarde l'intérieur de la chambre obscure.

La chambre obscure a pour accessoires particuliers : 1° un cadre en bois noirci, contenant une glace dépolie de la dimension de la plaque qui recevra l'épreuve *fig.* 3 ; 2° un autre cadre *fig.* 4, ayant d'un côté une fermeture à coulisses C, et de l'autre des feuillures dans lesquelles se fixe, par des taquets, la planchette P qui porte la plaque. Au bas de la partie extérieure de chacun de ces deux cadres, se trouve une pièce métallique pliée en équerre au moyen de laquelle ils peuvent être fixés tour à tour sur le support S, *fig.* 3, qui présente en saillie une vis à écrou destinée à cet usage, et une vis de pression qui sert à l'arrêter à demeure.

Lorsque la chambre obscure doit être mise en expérience, on visse la pièce de l'objectif sur l'anneau de cuivre qui se trouve à la face antérieure de la chambre ; puis, par l'autre côté, on introduit la glace dépolie, et on la fixe avec l'écrou mobile sur le support qui a été préalablement glissé dans les rainures disposées pour le recevoir. (Les lignes ponctuées de la figure 2 indiquent cette disposition.)

L'opercule de l'objectif étant ouvert, on avance et on recule la glace, dont la surface dépolie doit être placée du côté de l'opérateur, jusqu'à ce que l'image des objets extérieurs vienne s'y peindre avec la plus grande netteté ; et ce point obtenu, on arrête invariablement le support avec la vis de pression.

Alors on ferme l'opercule de l'objectif, et on substitue à la glace dépolie le cadre à coulisses dans lequel la plaque a été mise à l'abri du jour immédiatement après l'opération de l'iodage. On arrête également ce cadre avec l'écrou mobile, sans toucher aucunement à la vis de pression, et on enlève ensuite la planchette mobile X par l'ouverture supérieure de la chambre, qui doit être à l'instant même fermée.

Toutes choses étant en cet état, il ne reste plus qu'à ouvrir l'opercule de l'objectif et à compter sur une montre l'intervalle de temps qu'on a jugé nécessaire à la formation de l'image. Quand ce temps est écoulé, on ferme d'abord l'opercule de l'objectif, et l'on remet ensuite dans les coulisses du cadre la planchette noire X, qui devra encore préserver la plaque de tout contact de lumière, jusqu'au moment où elle sera portée dans la boîte au mercure.

FIGURE 6, BOITE AU MERCURE.

La boîte au mercure est représentée fermée en *A*, *fig*. 1re. Le couvercle de cette boîte s'ouvre à charnières et amène les deux côtés triangulaires de la partie supérieure à la place qu'ils doivent occuper. Une cheville en fer qui se met en *A*, *fig*. 6, les maintient dans cette position.

Au fond se trouve une cuvette en fer, dans laquelle entre la boule d'un thermomètre centigrade dont le tube se prolonge en dehors sur une échelle graduée. C'est dans cette cuvette que le mercure est versé en quantité suffisante pour que la boule du thermomètre en soit couverte.

Lorsque la plaque a subi l'exposition à la lumière, on la porte, toujours avec la planchette où elle est fixée, sur les tasseaux placés intérieurement aux deux côtés triangulaires de la boîte au mercure. Là elle reçoit, sous l'angle nécessaire, le courant ascendant des vapeurs du mercure chauffé jusqu'au degré convenable (60 degrés centigrades) au moyen de la lampe à alcool placée dessous la cuvette.

Par une ouverture circulaire pratiquée en *B*, et recouverte d'un verre, on peut observer la marche de l'opération en s'éclairant d'une bougie allumée.

FIGURE 9, BASSINES ET ÉGOUTTOIR.

Les deux bassines *A* et *B* servent au lavage des plaques : dans l'une on met l'eau distillée, dans l'autre la solution d'hyposulfite de soude.

La pièce *C* est l'égouttoir, qui s'attache à l'une des bassines. Des crochets retiennent la plaque inclinée pendant qu'on verse dessus, avec une bouilloire ordinaire, de l'eau distillée presque bouillante.

FIGURE 8, GRIL EN FER.

Ce gril est employé, concurremment avec la lampe à alcool, pour chauffer les plaques après le polissage à l'huile : il sert aussi, dans l'opération du fixage des épreuves indiquée par M. Fizeau, à amener le chlorure d'or étendu sur la plaque au degré de chaleur nécessaire à l'effet.

FIGURE 10, BOITE A PLAQUES.

Les plaques préparées et les épreuves faites se mettent, ainsi que l'indique la figure, dans des rainures parallèles pratiquées dans l'intérieur de la boîte. Les boîtes ordinaires ont six doubles rainures qui peuvent recevoir jusqu'à douze plaques, en en plaçant deux en sens inverse dans chaque rainure, c'est-à-dire cuivre contre cuivre.

FIGURE 11, MIROIR PARALLÈLE.

Le miroir à surfaces parallèles qui sert à redresser les images données par la chambre obscure, se fixe sur le diaphragme de l'objectif au moyen du bouton à vis *B*.

Cet accessoire ne fait pas ordinairement partie du daguerréotype, mais il est toujours facile de l'y adapter.

Dimensions et poids des daguerréotypes portatifs.

	LONGUEUR.	LARGEUR.	HAUTEUR.	POIDS.
	Centimètres.	Centimètres.	Centimètres.	Kilog.
Modèle n° 1	30	17	15	3 k. 8
— n° 2	38	21	20	7 2
— n° 3	47	28	25	12 0

DAGUERRÉOTYPE.

DESCRIPTION DES PROCÉDÉS PRATIQUES.

Nota. La présente instruction est celle donnée par M. Daguerre. Il n'y a été fait de changemens que ceux nécessités par la nouvelle disposition des appareils.

Les épreuves se font sur des feuilles d'argent plaquées sur cuivre (1). Bien que le cuivre serve principalement à soutenir la feuille d'argent, l'assemblage de ces deux métaux concourt à la perfection de l'effet. L'argent doit être le plus pur possible. Quant au cuivre, son épaisseur doit être suffisante pour maintenir la planimétrie de la plaque, afin de ne pas déformer les images; mais il faut éviter de lui en donner plus qu'il n'en faut pour atteindre ce but, à cause du poids qui en résulterait. L'épaisseur des deux métaux réunis ne doit pas excéder celle d'une forte carte.

(1) La bonne préparation des planches de plaqué qui doivent servir à la production des images daguerriennes est d'une grande importance pour le succès de l'opération.

Pour qu'une plaque satisfasse à toutes les conditions, il est indispensable que le doublé d'argent soit au moins au quarantième, qu'il ait partout la même épaisseur et qu'il ne présente aucune trace du martelage qu'il a subi lors du planage de la planche. Il faudrait considérer comme mauvaises, les plaques qui, après le poli, montreraient sur leur surface de trop fortes gerçures.

Plusieurs personnes ont cherché à simplifier l'opération du polissage des plaques. Après avoir expérimenté les divers procédés successivement indiqués, j'ai reconnu que la méthode de M. Daguerre est encore aujourd'hui celle qui réussit le mieux. C'est pourquoi je n'ai fait, à l'égard de l'opération du polissage, aucune modification à l'instruction primitive.

Le procédé se divise en cinq opérations.

La première consiste à polir et à nettoyer la plaque pour la rendre propre à recevoir la couche sensible ;

La deuxième, à appliquer cette couche ;

La troisième, à soumettre, dans la chambre noire, la plaque préparée à l'action de la lumière, pour y recevoir l'image de la nature ;

La quatrième, à faire paraître cette image, qui n'est pas visible en sortant de la chambre noire ;

Enfin, la cinquième a pour but d'enlever la couche sensible qui continuerait à être modifiée par la lumière, et tendrait nécessairement à détruire tout-à-fait l'épreuve.

PREMIÈRE OPÉRATION.

Il faut pour cette opération :
Un petit flacon d'huile d'olive ;
Du coton cardé très-fin ;
Du tripoli broyé excessivement fin et enfermé dans un nouet de mousseline assez claire pour que le tripoli puisse passer facilement en secouant le nouet (2) ;
Un flacon d'acide nitrique étendu d'eau dans la proportion

---

(2) M. Daguerre, dans son instruction, avait d'abord prescrit de polir les plaques avec de la ponce ; mais ayant reconnu plus tard que le tripoli de Venise était préférable, il a indiqué l'emploi de cette dernière substance dans une lettre lue à l'Académie des sciences le 21 octobre 1839.

L'expérience a en effet confirmé que le tripoli de Venise, réduit en poudre impalpable et préparé avec certaines précautions, polit beaucoup mieux et plus promptement que la ponce, et donne aux plaques ce bruni si essentiel à la vigueur des épreuves.

Pour éviter, dans la lecture des instructions de M. Daguerre, la confusion que pourrait faire naître l'indication d'une substance qui n'est plus employée, j'ai remplacé, partout où il se trouvait, le mot *ponce* par celui de *tripoli*.

Le tripoli préparé ayant l'inconvénient d'absorber constamment l'humidité de l'air, il faut avoir soin de chauffer fréquemment le nouet qui sert aux manipulations courantes.

d'une partie (en volume) d'acide, contre seize parties (également en volume) d'eau distillée (3) ;

Un châssis en fil de fer, sur lequel on pose les plaques pour les chauffer à l'aide d'une lampe à esprit-de-vin ;

Enfin, une petite lampe à esprit-de-vin.

Comme nous l'avons dit plus haut, les épreuves se font sur argent plaqué. La grandeur de la plaque est limitée par la dimension des appareils. Il faut commencer par la bien polir. A cet effet, on la saupoudre de tripoli (en secouant sans toucher la plaque), et avec du coton imbibé d'un peu d'huile d'olive on la frotte légèrement en arrondissant (4). Il faut, pour cette opération, poser les plaques sur une feuille de papier qu'on aura soin de renouveler de temps en temps.

Il faut mettre du tripoli à plusieurs reprises, et changer plusieurs fois de coton. On conçoit combien il est important que le tripoli soit assez fin pour ne pas rayer, puisque c'est du poli parfait de la plaque que dépend, en grande partie, la beauté de l'épreuve. Quand la plaque est bien polie il s'agit de la dégraisser, ce qui se fait en la saupoudrant de tripoli, et en la frottant à sec avec du coton, toujours en arrondissant. On fait ensuite un petit tampon de coton qu'il faut imbiber d'un peu d'acide étendu d'eau (comme il est ci-dessus désigné) ; pour cela, on applique le tampon de coton sur le goulot du flacon, et on le renverse sens dessus dessous, en appuyant légèrement, de manière que le centre seul du tampon soit imbibé d'acide, sans en être profondément imprégné ; il en faut très-peu, et il faut éviter que

---

(3) Dans les proportions du mélange indiqué par M. Daguerre, il s'agit d'acide nitrique du commerce, marquant 60 degrés à l'aréomètre. Un acide plus concentré, employé dans la proportion du seizième en volume, donnerait une eau trop fortement acidulée.

(4) M. Daguerre recommande de polir en décrivant toujours dans le même sens des petits cercles concentriques. Cependant plusieurs personnes préfèrent conduire le tampon de gauche à droite et de droite à gauche, de manière à ce que les raies inévitables que laisse le poli le plus parfait se trouvent dans un sens opposé à la direction de l'image.

les doigts soient mouillés (5). Alors on frotte la plaque avec le tampon, en ayant soin d'étendre parfaitement l'acide sur toute la surface de la plaque. On change le coton et on frotte, toujours en arrondissant, afin de bien étendre la couche d'acide, qui cependant ne doit, pour ainsi dire, qu'effleurer la surface de la plaque. Il arrivera que l'acide appliqué sur la surface de la plaque se divisera en globules qu'on ne détruira qu'en changeant de coton et en frottant de manière à étendre bien également l'acide, car les endroits où il n'aurait pas pris feraient des taches. On s'aperçoit que l'acide est bien également étendu lorsque la surface de la plaque est couverte d'un voile bien régulier sur toute son étendue. Ensuite on saupoudre la plaque de tripoli, et avec du coton qui n'a pas servi on la frotte très-légèrement.

Alors la plaque doit être soumise à une forte chaleur. A cet effet, on la place sur le châssis de fil de fer, *fig.* 8, l'argent en dessus, et on promène sous la plaque la lampe à l'esprit-de-vin de manière que la flamme vienne s'y briser. Après avoir fait parcourir à la lampe, pendant au moins cinq minutes, toutes les parties de la plaque, il se forme à la surface de l'argent une légère couche blanchâtre; alors il faut cesser l'action du feu. La chaleur de la lampe peut être remplacée par celle d'un feu de charbon, qui est même préférable, parce que l'opération est plus tôt terminée. Dans ce cas, le châssis en fil de fer est inutile; car on pose la plaque sur des pincettes, l'argent en dessus, et on la fait aller et venir sur le fourneau de manière qu'elle soit également échauffée, et jusqu'à ce que l'argent se couvre d'une

---

(5) Sans doute il faut mettre sur le tampon très-peu d'eau acidulée; cependant il en faut assez pour que la plaque entière puisse être humectée. Quelques essais indiqueront facilement la quantité qui est nécessaire. Si j'ai cru utile d'éveiller sur ce point l'attention du lecteur, c'est que j'ai vu fréquemment des personnes qui, pour obéir plus exactement à la lettre des instructions de M. Daguerre, mettaient sur le coton si peu d'eau acidulée qu'une partie seulement de la plaque se trouvait mouillée. De là un décapage incomplet, et par suite des épreuves mauvaises.

légère couche blanchâtre, comme il a été dit ci-dessus (6). On fait ensuite réfroidir promptement la plaque en la plaçant sur un corps froid, tel qu'une table de marbre. Lorsqu'elle est réfroidie, il faut la polir de nouveau ; ce qui se fait assez promptement, puisqu'il ne s'agit que d'enlever cette légère couche blanchâtre qui s'est formée sur l'argent (7). A cet effet, on saupoudre la plaque de tripoli et on frotte à sec avec un tampon de coton ; on remet du tripoli à plusieurs reprises, en ayant soin de changer souvent de coton. Lorsque l'argent est bien bruni, on le frotte, comme il a été dit ci-dessus, avec de l'acide étendu d'eau, et on le saupoudre d'un peu de tripoli en frottant très-légèrement avec un tampon de coton. Il faut remettre de l'acide à trois reprises différentes, en ayant soin chaque fois de saupoudrer la plaque de tripoli et de la frotter à sec très-légèrement avec du coton bien propre, en évitant que les parties du coton qui ont été touchées par les doigts frottent sur la plaque, parce que la transpiration ferait des taches sur l'épreuve. Il faut aussi éviter la vapeur humide de l'haleine, ainsi que les taches de salive (8).

(6) Lorsqu'on est encore peu habitué aux expériences du daguerréotype, on a quelque peine à apercevoir cette couche blanchâtre qui indique le terme de la caléfaction des plaques. On la distingue plus aisément en regardant un peu obliquement du côté opposé à celui d'où vient la lumière.

(7) Sur les plaques polies avec le tripoli, cette pellicule est parfois très-persistante. Comme il importe beaucoup au succès de l'opération qu'elle soit complètement enlevée, je recommande de ne cesser le frottage qu'après le retour du bruni primitif.

(8) Cette dernière partie de l'opération du polissage a été généralement mal comprise. Comme je la crois fort essentielle au résultat, il me paraît utile d'y arrêter l'attention du lecteur.

On a dit, et c'est une opinion très-probable, que les derniers lavages avec l'acide nitrique étendu ont pour objet de dissoudre les particules de cuivre qui demeurent alliées à l'argent, quelle que soit d'ailleurs sa pureté, et de faire naître ainsi sur la surface de la plaque une couche superficielle d'argent fin, sans laquelle la production de l'image serait imparfaite. S'il en est ainsi, on conçoit qu'après avoir obtenu cette couche telle qu'elle est nécessaire au succès, un frottement trop prolongé avec le tripoli, qui équivaut

Quand on n'a pas l'intention d'opérer immédiatement, on ne met que deux fois de l'acide après l'opération du feu, ce qui permet de préparer ce travail d'avance; mais il faut, et c'est indispensable, au moment de faire une épreuve, remettre au moins une fois de l'acide et du tripoli, comme il a été dit ci-dessus. Ensuite, on enlève avec du coton bien propre toute la poussière qui se trouve à la surface de la plaque ainsi que sur ses épaisseurs.

DEUXIÈME OPÉRATION.

Pour cette opération, il faut :
La boîte figurée dans la planche, *fig*. 5 ;
La planchette P, *fig*. 4 ;
Quatre petites bandes métalliques de même nature que les plaques.

Après avoir fixé la plaque sur la planchette au moyen des bandes métalliques (9), on la pose le métal en dessous sur les petits tasseaux placés aux quatre côtés de la boîte préalablement disposée, ainsi qu'il a été dit plus haut à la description des appareils, page 10 (10). Dans cette position, il faut la laisser jus-

presque à un nouveau polissage, doit nécessairement la détruire ou l'altérer.

Pour éviter cet inconvénient, et en même temps pour enlever à la plaque l'humidité nuisible qu'elle pourrait conserver, je conseillerai, après chacun des trois derniers lavages indiqués dans l'instruction, de frotter légèrement la plaque, mais sans tripoli, avec un tampon de coton sec, jusqu'à ce que la surface entière soit revenue au bruni vif. Cette première condition obtenue, on saupoudre un peu de tripoli, qu'on étend d'abord et qu'on enlève ensuite avec les barbes d'une forte pincée de coton arrachée de la carde. De cette manière toute l'humidité est absorbée par le tripoli, sans que la plaque ait eu à supporter aucun frottement préjudiciable.

(9) Les bandelettes métalliques dont se servait M. Daguerre étaient percées de distance en distance, et on les fixait par de petits clous, qu'on enfonçait sur la planchette. On leur a substitué avec avantage des bandelettes coudées qui s'attachent derrière la planchette avec des agrafes.

(10) Dans la boîte à iode, jointe aux appareils construits sur les dessins de

qu'à ce que la surface de l'argent soit couverte d'une belle couche jaune d'or. Si on l'y laissait trop long-temps, cette couche jaune d'or passerait à une couleur violâtre, qu'il faut éviter, parce que alors la couche n'est pas aussi sensible à la lumière. Si, au contraire, cette couche n'était pas assez jaune, l'image de la nature ne se reproduirait que très-difficilement. Ainsi, la couche jaune d'or a sa nuance bien déterminée parce qu'elle est la seule bien favorable à la production de l'effet (11).

On ne peut fixer au juste le temps nécessaire pour obtenir la couche jaune d'or; ce temps pouvant varier de deux à dix minutes, rarement davantage, il est indispensable de regarder la plaque de temps en temps pour s'assurer si elle a atteint le *degré* de jaune désigné; mais il est important que la lumière ne vienne pas frapper directement dessus. Il peut arriver que la plaque se colore plus d'un côté que de l'autre; dans ce cas, pour égaliser la couche, on aura soin en remettant la planchette sur la boîte de la retourner, non pas sens dessus dessous, mais bout pour bout. Il faut donc mettre la boîte dans une pièce obscure, où le jour n'arrive que très-faiblement par

M. Daguerre, la plaque recevait directement les émanations de l'iode, mis dans une capsule au fond de la boîte.

Cette manière d'opérer offrait beaucoup d'inconvéniens, entre autres la nécessité de préparer la boîte toutes les fois qu'on en voulait faire usage, et l'obligation de conserver la plaque exposée sur l'iode pendant un trop long espace de temps. En hiver il ne fallait pas moins de 40 à 50 minutes pour arriver à la teinte convenable.

Plusieurs personnes, et M. Daguerre lui-même, ont adopté des dispositions infiniment préférables. Celle à laquelle je me suis arrêté après beaucoup d'essais me paraît satisfaire à toutes les conditions. Elle est décrite ci-dessus, page 9.

(11) On éprouve quelque difficulté à bien saisir par la pensée la teinte nécessaire. Je ne puis mieux la désigner qu'en la comparant à l'intérieur bruni d'une boîte de montre d'or. J'observe encore que les plus belles épreuves, celles qui accusent le plus de vigueurs, s'obtiennent sur les plaques les mieux iodées. Il faut donc laisser arriver la teinte jaune la plus foncée possible, pourvu toutefois qu'elle ne passe pas à la couleur rouge, car il n'y aurait plus d'image.

la porte, qu'on laisse un peu entr'ouverte, et lorsqu'on veut regarder la plaque, on prend la planchette par les extrémités avec les deux mains et on la retourne promptement; il suffit alors que la plaque réfléchisse un endroit un peu éclairé, et autant que possible éloigné, pour qu'on s'aperçoive si la couleur jaune est assez foncée. Il faut remettre très-promptement la plaque sur la boîte si la couche n'a pas atteint le ton jaune d'or; si, au contraire, cette teinte était dépassée, la couche ne pourrait pas servir, et il faudrait recommencer entièrement la première opération.

A la description, cette opération peut paraître difficile; mais avec un peu d'habitude on parvient à savoir à peu près le temps nécessaire pour arriver à la couleur jaune, ainsi qu'à regarder la plaque avec une grande promptitude, de manière à ne pas donner à la lumière le temps d'agir.

Lorsque la plaque est arrivée au degré de jaune nécessaire, il faut emboîter la planchette dans le châssis, *fig. 4*, qui s'adapte à la chambre noire. Il faut éviter que le jour frappe sur la planche; pour cela, on peut l'éclairer avec une bougie, dont la lumière a beaucoup moins d'action; il ne faudrait pas cependant que cette lumière frappât trop long-temps sur la plaque, car elle y laisserait des traces.

On passe ensuite à la troisième opération, qui est celle de la chambre obscure. Il faut autant que possible passer de la seconde opération à la troisième, ou ne pas laisser entre elles plus d'une heure d'intervalle; au-delà de ce temps, la combinaison de l'iode et de l'argent n'a plus la même propriété.

TROISIÈME OPÉRATION.

L'appareil nécessaire pour cette opération se borne à la chambre noire. Voir *fig.* 2 (12).

(12) La partie la plus essentielle de la chambre obscure est l'objectif, qui doit être à la fois achromatique et périscopique. Si, par l'inspection à l'œil nu, ou par l'observation à la loupe, on peut juger de la qualité des plaques

La troisième opération est celle qui a lieu sur la nature dans la chambre noire. Il faut autant que possible choisir les objets éclairés par le soleil, parce que alors l'opération est plus prompte. On conçoit aisément que, cette opération ne se produisant que par l'effet de la lumière, cette action est d'autant plus

de doublé, il n'en est pas de même à l'égard de l'objectif, l'expérience seule peut en attester la bonté, et elle n'est souvent praticable que long-temps après l'acquisition d'un appareil.

Je crois donc que c'est ici le lieu de donner quelques détails sur les difficultés qu'il faut vaincre pour parvenir à faire un très-bon objectif.

En première ligne se présente le choix des matières ; viennent ensuite le calcul des courbures et la bonne exécution du travail.

Le *flint-glass* et le *crown-glass* sont les deux espèces de verres qui entrent nécessairement dans la construction d'un objectif achromatique. Le prix de ces matières est élevé ; il est même assez difficile de les rencontrer dans un grand état de pureté. Admettant qu'on les ait obtenues d'une qualité convenable, il faut que l'opticien détermine par le calcul les courbes nécessaires pour que l'objectif, lorsqu'il sera terminé, se trouve exempt des aberrations de sphéricité et de réfrangibilité. Or, ces courbes varient suivant les matières que l'on emploie, et elles doivent être toujours en raison des pouvoirs réfractif et dispersif du *flint* et du *crown*. Ces conditions remplies, il reste encore à trouver pour l'exécution des ouvriers capables et intelligens, et ils sont rares, malgré le grand nombre de ceux qui se livrent aux travaux de l'optique.

En exposant ici les difficultés qu'entraîne la construction d'un bon objectif, mon but a été de mettre en garde sur ce point important les personnes qui veulent acquérir non seulement des daguerréotypes, mais encore des instrumens d'optique de quelque valeur, et de les engager, dans leur intérêt, à ne s'adresser qu'à des opticiens dont la réputation soit telle, qu'elle leur impose l'obligation de ne rien laisser sortir d'imparfait de leurs magasins.

L'on a quelquefois, à l'étranger surtout, cherché à diminuer le prix des daguerréotypes en remplaçant l'objectif achromatique par une loupe ordinaire d'un plus ou moins grand diamètre. Cette espèce de verre ne peut donner que des images très-diffuses. Tout le monde s'en convaincra en les comparant à celles produites par un objectif achromatique du même diamètre.

En un mot, l'objectif doit être considéré comme l'âme de l'instrument. Ce serait en vain que l'opérateur aurait l'expérience, l'adresse et l'habileté nécessaires, qu'il serait pourvu d'une bonne plaque, si l'objectif de la chambre noire est imparfait, il ne produira que de mauvaises épreuves.

prompte que les objets sont plus fortement éclairés et qu'ils sont, de leur nature, plus blancs.

Après avoir placé la chambre obscure en face du point de vue ou des objets quelconques dont on désire fixer l'image, l'essentiel est de bien mettre au foyer, c'est-à-dire de façon que les objets soient représentés avec une grande netteté, ce que l'on obtient facilement en avançant ou en reculant le châssis de la glace dépolie qui reçoit l'image de la nature (13). Lorsqu'on a atteint une grande précision, on fixe la partie mobile de la chambre au moyen du bouton à vis destiné à cet usage, puis on retire le châssis de la glace, en ayant soin de ne pas déranger la chambre noire, et on le remplace par l'appareil qui contient la plaque et qui prend exactement la place du châssis. Quand cet appareil est bien assujetti, on ferme l'ouverture de la chambre noire, puis on enlève la coulisse. Alors la plaque se trouve prête à recevoir l'impression de la vue ou des objets que l'on a choisis. Il ne reste plus qu'à ouvrir le diaphragme de la chambre noire et à consulter une montre pour compter les minutes.

Cette opération est très-délicate, parce que rien n'est visible,

---

(13) Les images données par la chambre obscure sont renversées, c'est-à-dire qu'elles présentent les objets transposés de droite à gauche. Cette circonstance est généralement de peu d'importance. Si cependant on tenait à obtenir une vue dans la position naturelle, il faudrait adapter à l'objectif une glace parallèle placée sous l'angle de 45 degrés. La figure 11 indique cette disposition.

Nous ferons à l'égard de ce miroir des remarques analogues à celles faites pour l'objectif. Le travail d'une glace dont les deux surfaces soient parfaitement parallèles est de la plus grande difficulté. Les marins savent par expérience à combien d'erreurs dangereuses les expose l'emploi des cercles et sextans dont les glaces ne sont pas exactement parallèles. Le même défaut dans les miroirs adaptés aux daguerréotypes ferait naître une série d'images semblables superposées, desquelles il ne pourrait ressortir qu'un dessin confus.

La réflexion sur la glace parallèle occasionnant une perte de lumière, les épreuves faites par ce moyen doivent demeurer exposées dans la chambre obscure un tiers en plus à peu près du temps nécessaire à celles faites dans la voie ordinaire.

et qu'il est de toute impossibilité de déterminer le temps nécessaire à la reproduction, puisqu'il dépend entièrement de l'intensité de lumière des objets que l'on veut reproduire; ce temps peut varier pour Paris de 3 à 30 minutes au plus.

Il faut aussi remarquer que les saisons, ainsi que l'heure du jour, influent beaucoup sur la promptitude de l'opération. Les momens les plus favorables sont de sept à trois heures; et ce que l'on obtient à Paris dans 3 ou 4 minutes aux mois de juin et de juillet exigera 5 ou 6 minutes dans les mois de mai et d'août, 7 ou 8 en avril et en septembre, et ainsi de suite dans la même proportion à mesure qu'on avance dans la saison. Ceci n'est qu'une donnée générale pour les objets très-éclairés, car il arrive souvent qu'il faut 20 minutes dans les mois les plus favorables, lorsque les objets sont entièrement dans la demi-teinte.

On voit, d'après ce qui vient d'être dit, qu'il est impossible de préciser avec justesse le temps nécessaire pour obtenir les épreuves; mais avec un peu d'habitude on parvient facilement à l'apprécier. On conçoit que dans le midi de la France, et généralement dans tous les pays où la lumière a beaucoup d'intensité, comme en Espagne, en Italie, etc., les épreuves doivent se faire plus promptement. Il est aussi très-important de ne pas dépasser le temps nécessaire pour la reproduction, parce que les clairs ne seraient plus blancs, ils seraient noircis par l'action trop prolongée de la lumière. Si, au contraire, le temps n'était pas suffisant, l'épreuve serait très-vague et sans aucuns détails (14).

En supposant que l'on ait manqué une première épreuve en

---

(14) Les indications données par M. Daguerre sur le temps nécessaire à la production des images dans la chambre obscure s'appliquent aux grands appareils pourvus d'objectifs de 38 centimètres de foyer. Pour les modèles plus petits, qui conséquemment ont des objectifs de foyer plus courts, le temps d'exposition à la lumière doit être moindre.

Au surplus, et ainsi que le fait remarquer M. Daguerre, il est très-difficile d'assigner des règles certaines pour cette partie de l'opération. Non la retirant trop tôt ou en la laissant trop long-temps, on en commence une autre immédiatement, et l'on est bien plus sûr d'arriver juste ; il est même utile, pour acquérir beaucoup d'habitude, de faire quelques épreuves d'essai (15).

Il en est de même ici que pour la couche : il faut se hâter de faire subir à l'épreuve la quatrième opération aussitôt qu'elle sort de la chambre noire. Il ne faut pas mettre au-delà d'une heure d'intervalle, et on est bien plus certain de l'épreuve quand on peut opérer immédiatement.

seulement il faut admettre comme élémens de la durée de l'exposition l'état de l'atmosphère, le plus ou moins d'intensité de la lumière éclairante, la nature, la couleur propre et la distance des objets dont se compose le tableau, mais il est encore nécessaire de tenir compte de la différente diaphanité des objectifs, et surtout de l'état de la couche d'iode, beaucoup moins sensible lorsqu'elle a atteint la couleur jaune foncé que lorsqu'elle est d'une teinte plus pâle. A cet égard les leçons de l'expérience sont les meilleures qu'on puisse recevoir.

(15) Des expériences récentes de M. Edmond Becquerel sur les effets photogéniques ont révélé un nouveau mode d'action de la lumière, qui amènera sans doute une modification importante dans la manière actuellement en usage pour obtenir les épreuves. Si après avoir laissé une ou deux minutes seulement la plaque iodée dans la chambre obscure on la présente pendant quelque temps, recouverte d'un verre rouge, au soleil ou à la lumière diffuse, l'image reçue sur la plaque, qui n'aurait point été visible après une si courte exposition dans la chambre obscure, se fortifie et acquiert bientôt cette intensité qui donne le maximum d'effet.

J'ai étudié ce procédé principalement dans le but de l'appliquer à la reproduction des portraits (voir ci-après, page 34) ; mais, dans le cours de mes recherches, j'ai constaté qu'il réussit également bien pour les épreuves ordinaires. J'ai même reconnu que les dessins des objets éloignés, obtenus à l'aide de ce nouveau moyen, sont supérieurs par le fini des détails linéaires à ceux que donne la simple exposition dans la chambre obscure. J'indique ce résultat sans en pouvoir préciser la cause : il est toutefois assez curieux et assez important pour engager les personnes déjà familiarisées avec le daguerréotype à expérimenter dans cette voie, qu'elles s'empresseront d'adopter sans aucun doute, lorsque par quelques essais préalables elles seront arrivées à déterminer la durée relative de chacune des deux expositions.

QUATRIÈME OPÉRATION.

Il faut pour cette opération :
Un flacon contenant du mercure ;
Une lampe à l'esprit-de-vin ;
L'appareil *fig.* 6.

On verse le mercure dans la capsule qui est au fond de l'appareil, en assez grande quantité pour que la boule du thermomètre en soit couverte ; ensuite, et à partir de ce moment, on ne peut s'éclairer d'une autre lumière que de celle d'une bougie.

On retire la planchette sur laquelle est fixée la plaque du cadre, *fig.* 4, qui la préserve du contact de la lumière, et on la pose, dans la boîte au mercure, sur les tasseaux qui la tiennent inclinée à 45 degrés, le métal en dessous, de manière qu'on puisse le voir à travers la glace.

Lorsque tout est ainsi disposé, on allume la lampe à l'esprit-de-vin, que l'on place sous la capsule contenant le mercure, et on l'y laisse jusqu'à ce que le thermomètre, dont la boule plonge dans le mercure, et dont le tube sort de la boîte, indique une chaleur de 60 degrés centigrades ; alors on s'empresse de retirer la lampe : si le thermomètre a monté rapidement, il continue à s'élever sans le secours de la lampe ; mais il faut observer qu'il ne doit pas dépasser 75 degrés.

L'empreinte de l'image de la nature existe sur la plaque ; mais elle n'est pas visible ; ce n'est qu'au bout de quelques minutes qu'elle commence à paraître, ce dont on peut s'assurer en regardant à travers la glace, et en s'éclairant de la bougie, dont on évitera de laisser trop long-temps frapper la lumière sur la plaque, parce qu'elle y laisserait des traces. Il faut laisser l'épreuve jusqu'à ce que le thermomètre soit descendu à 45 degrés ; alors on la retire, et cette opération est terminée.

Lorsque les objets ont été fortement éclairés, et que l'on a laissé la lumière agir un peu trop long-temps dans la chambre noire, il arrive que cette opération est terminée avant même que le thermomètre soit descendu à 55 degrés ; on peut s'en assurer en regardant à travers la glace.

Il est nécessaire, après chaque opération, de bien essuyer l'intérieur de l'appareil pour en enlever la petite couche de mercure qui s'y répand généralement. Lorsqu'on est forcé d'emballer l'appareil pour le transporter, il faut remettre dans le flacon le mercure qui est dans la capsule, ce qui se fait en inclinant la boîte.

On peut regarder l'épreuve à un faible jour pour s'assurer qu'elle a bien réussi. On la détache de la planchette en enlevant les quatre petites bandes métalliques, qu'il faut avoir soin de nettoyer à chaque épreuve. On conçoit que ce nettoyage est nécessaire, puisque non seulement ces petites bandes sont recouvertes d'une couche d'iode, mais qu'elles ont aussi reçu une partie de l'image. On place la plaque dans la boîte à coulisse, *fig.* 10, jusqu'à ce qu'on puisse lui faire subir la cinquième et dernière opération, qu'on peut se dispenser de faire immédiatement, car l'épreuve peut être conservée dans cet état pendant plusieurs mois sans qu'elle subisse d'altération, pourvu cependant qu'on évite de la regarder souvent et au grand jour.

CINQUIÈME OPÉRATION.

Le but de la cinquième opération est d'enlever de la plaque l'iode, qui autrement, lorsque l'épreuve serait exposée trop long-temps à la lumière, continuerait à se décomposer et la détruirait.

Il faut pour cette opération :

De l'eau saturée de sel marin, ou une solution faible d'hyposulfite de soude pure ;

Deux bassines en cuivre étamé et un égouttoir, *fig.* 9.

Pour enlever la couche d'iode, il faut prendre du sel commun, qu'on introduit dans un bocal ou dans une bouteille à large ouverture ; on en met jusqu'au quart de la hauteur de la bouteille, que l'on remplit avec de l'eau claire. Pour aider à fondre le sel, on agite de temps en temps la bouteille. Quand l'eau est parfaitement saturée, c'est-à-dire lorsqu'elle ne peut plus dissoudre de sel, il faut la filtrer au papier gris, afin qu'il n'y reste aucune ordure et qu'elle soit parfaitement limpide. On prépare d'avance cette eau saturée de sel en assez grande quantité et on la conserve dans des bouteilles bouchées ; on évite par ce moyen d'en faire à chaque épreuve.

On verse dans l'une des bassines de l'eau salée, jusqu'à peu près trois centimètres de sa hauteur ; on remplit l'autre d'eau pure ordinaire. Ces deux liquides doivent être chauffés sans être bouillans.

On peut remplacer la solution de sel marin par une solution d'hyposulfite de soude pur (16) ; cette dernière est même préférable, parce qu'elle enlève entièrement l'iode, ce qui n'a pas toujours lieu avec la solution de sel marin, surtout lorsque les épreuves sont faites depuis long-temps. Du reste, l'opération est la même pour les deux solutions ; celle d'hyposulfite n'a pas besoin d'être chauffée, et il en faut une moins grande quantité, puisqu'il suffit que la plaque en soit couverte dans le fond du bassin.

On trempe d'abord la plaque dans l'eau pure contenue dans la bassine. Il faut seulement la plonger sans la quitter, et la retirer immédiatement, car il suffit que la surface de la plaque ait été couverte d'eau ; puis, sans la laisser sécher, on la plonge de suite dans l'eau salée. Si on ne trempait d'abord la plaque dans l'eau pure avant de la plonger dans l'eau salée ou dans la solution d'hyposulfite, ces dernières y feraient des taches ineffaçables. Pour faciliter l'action de l'eau salée ou de l'hyposulfite, qui s'emparent de l'iode, on agite la bassine. Quand la couleur jaune a tout-à-fait disparu, on enlève la plaque et on la prend

---

(16) L'hyposulfite de soude est généralement employé pour le désiodage des épreuves. La dose nécessaire pour le lavage d'une épreuve de première grandeur est d'une pincée de ce sel délayée dans le quart d'un verre d'eau distillée. Le même mélange peut servir au lavage de trois ou quatre épreuves.

par les deux extrémités en serrant les mains sur les épaisseurs (afin que les doigts ne touchent pas l'épreuve), et on la plonge immédiatement dans la première bassine d'eau pure.

On prend alors une bouillotte, qui doit être très-propre, et dans laquelle on a fait bouillir de l'eau distillée. On retire la plaque de la bassine d'eau, et on la place de suite sur le plateau incliné, C, *fig.* 9 ; puis, sans lui donner le temps de sécher, on verse sur la surface, et par le haut de la plaque, l'eau distillée très-chaude, sans cependant être bouillante, de manière qu'en tombant cette eau forme une nappe sur toute l'étendue de l'épreuve, et entraîne avec elle toute la solution de sel marin ou d'hyposulfite, qui est déjà bien affaiblie par l'immersion de la plaque dans la première bassine (17).

Il ne faut pas moins d'un litre d'eau distillée pour une épreuve de la grandeur indiquée. Il est rare qu'après avoir versé cette quantité d'eau chaude sur l'épreuve, il n'en reste quelques gouttes sur la plaque. Dans ce cas, il faut s'empresser de faire disparaître ces gouttes avant qu'elles aient eu le temps de sécher, car elles pourraient contenir quelques parcelles de sel marin et même d'iode ; on les enlève en soufflant fortement avec la bouche sur la plaque.

On conçoit combien il est important que l'eau dont on se sert pour ce lavage soit pure ; car, en se séchant sur la surface de la plaque, malgré la rapidité avec laquelle elle a coulé, si cette eau contenait quelque matière en dissolution, il se formerait sur l'épreuve des taches nombreuses et ineffaçables.

Pour s'assurer si l'eau peut convenir à ce lavage, on en verse une goutte sur une plaque brunie, et si, en la faisant évaporer à l'aide de la chaleur, elle ne laisse aucun résidu, on peut l'employer sans crainte. L'eau distillée ne laisse aucune trace.

Après ce lavage l'épreuve est terminée, il ne reste plus qu'à la préserver de la poussière et des vapeurs qui pourraient ternir l'argent. Le mercure qui dessine les images est en partie décom-

---

(17) Si l'on emploie l'hyposulfite, l'eau distillée doit être versée moins chaude qu'avec le sel marin.

posé ; il adhère à l'argent, il résiste à l'eau qu'on verse dessus, mais il ne peut soutenir aucun frottement (18).

Pour conserver les épreuves, il faut les mettre sous verre et les coller ; elles sont alors inaltérables, même au soleil.

Comme il est possible qu'on ne puisse, en voyage, s'occuper de l'encadrement des épreuves, on peut les conserver tout aussi bien en les enfermant dans une boîte comme celle représentée *fig*. 10. On peut, pour plus de sûreté, coller de petites bandes de papier sur les joints du couvercle.

Il est nécessaire de dire que les planches d'argent plaqué peuvent servir plusieurs fois, tant qu'on ne découvre pas le cuivre. Mais il est bien important d'enlever à chaque fois le mercure comme il a été dit, en employant le tripoli avec l'huile et en changeant souvent de coton ; car autrement le mercure finit par adhérer à l'argent, et les épreuves que l'on obtient sur cet amalgame sont toujours imparfaites, parce qu'elles manquent de vigueur et de netteté.

(18) Voir ci-après, page 37, le procédé au moyen duquel on peut fixer les épreuves.

MÉTHODE

POUR FAIRE LES PORTRAITS AU DAGUERRÉOTYPE,

ET POUR OBTENIR DES ÉPREUVES APRÈS QUELQUES SECONDES D'EXPOSITION DANS LA CHAMBRE OBSCURE.

La plus grande difficulté que présente l'application du Daguerréotype à la reproduction des portraits vient de la presque impossibilité, pour le modèle, de demeurer exposé au soleil et dans un état d'immobilité parfaite pendant les cinq à dix minutes que réclame l'opération faite avec la chambre obscure ordinaire. On était, à la vérité, parvenu dès le principe à rendre la situation moins gênante en interposant entre la lumière et la personne dont on voulait obtenir le portrait un carreau de verre bleu, qui ne paraît pas nuire sensiblement aux effets photogéniques ; mais il restait encore à diminuer beaucoup la durée de l'exposition, qui, si elle se prolonge au-delà d'une ou deux minutes, amène toujours dans l'habitude faciale une contraction musculaire qui dénature complètement les traits.

On sait généralement 1° que plus un objet est proche, plus est forte la lumière qu'il renvoie ; 2° que les verres lenticulaires font converger derrière eux une lumière d'autant plus intense que leur foyer est plus court.

Partant de ces données, on a construit une espèce de chambre obscure dont la combinaison optique est telle que l'appareil peut être placé à une très-petite distance de l'objet. L'objectif ayant d'ailleurs un très-court foyer, il réunit sur la plaque iodée une plus grande masse de rayons lumineux. Par l'emploi de cette chambre obscure et avec le concours de certaines circonstances locales, on est enfin parvenu à obtenir des épreuves après une, deux ou trois minutes d'exposition à la lumière, et ainsi la reproduction des portraits a été rendue beaucoup plus facile.

La description de cette chambre obscure et la manière de la mettre en œuvre forment l'objet du premier procédé ci-après indiqué. C'est celui qui, jusqu'à présent, a été le plus généralement suivi.

Le second procédé, qui n'est encore que très-peu connu, donne le moyen de rendre l'exposition à la lumière presque instantanée. Quatre ou cinq secondes au soleil, une minute au plus à la lumière diffuse, produisent le maximum d'effet.

PREMIER PROCÉDÉ.

L'appareil particulier qui sert à prendre les portraits, mais qui peut aussi être employé pour obtenir la copie réduite des statues, des tableaux et des groupes d'objets d'art, est représenté dans la *fig.* 12. C'est une petite chambre noire qui a un tiroir mobile au bout duquel se placent successivement deux cadres qui contiennent, l'un la glace dépolie pour mettre au point, l'autre la plaque iodée à la manière ordinaire. Au côté opposé se trouve un objectif achromatique qui n'a que 80 millimètres de foyer. Cet objectif donne plus de lumière et moins d'aberration s'il est formé de deux verres, l'un et l'autre achromatiques, dont le foyer combiné est également d'environ 80 millimètres.

Les images produites par un tel objectif étant nécessairement très-petites, on fait usage de plaques dont la dimension n'est que du quart ou du huitième des grandes plaques ordinaires.

Selon que l'on veut avoir un portrait en buste ou en pied, la personne est placée vis-à-vis cette chambre obscure à la distance d'un demi-mètre au moins ou de deux mètres au plus.

Pour maintenir le modèle dans la plus parfaite immobilité, on le fait asseoir sur un siège assez pesant pour ne pas être facilement dérangé. L'élasticité des fauteuils modernes serait un inconvénient. Derrière le siège qu'on a choisi doit s'élever une forte règle de bois, terminée par un croissant sur lequel la tête trouve un point d'appui fixe. Si la personne devait être reproduite en pied, il faudrait la placer près d'un meuble sur lequel elle pût s'appuyer.

Il est essentiel que l'exposition à la lumière ait lieu non dans un appartement, mais à l'air libre, sur une terrasse ou dans un jardin.

Derrière la personne qui pose on met un paravent ou une tenture, dont autant que possible la couleur tranchera avec celle des vêtemens. En tout état de choses on peut faire usage d'un drap blanc disposé en forme de draperie.

Les portraits saisis de face sont généralement peu gracieux : ils viendront beaucoup mieux s'ils sont pris dans cette position que les peintres appellent de trois quarts. Les yeux du modèle seront constamment dirigés vers un point un peu éloigné.

L'habillement de la personne qui pose est loin d'être une chose indifférente : les couleurs qui réussissent le mieux sont : le *bleu*, le *violet*, le *gris*, le *jaune*, le *rouge* et le *vert clair*, et en général toutes les demi-teintes. Les vêtemens blancs et noirs doivent être, autant que possible, évités : les premiers renvoient trop de lumière, les seconds pas assez.

La durée de l'exposition ne doit pas, en été, excéder une minute au soleil plein, et deux ou trois minutes lorsque le ciel est couvert de nuages blancs. L'expérience serait tentée vainement si le jour était sombre.

Toute l'opération est conduite d'ailleurs ainsi que le prescrit l'Instruction de M. Daguerre pour les reproductions ordinaires. Si les préparations préliminaires ont été bien faites, si l'objectif de la chambre noire est dans les conditions indiquées à la note de la page 21, si enfin l'on a eu égard aux dispositions locales précédemment recommandées, on obtiendra sans aucun doute un résultat satisfaisant.

DEUXIÈME PROCÉDÉ.

L'idée de cette méthode m'a été suggérée par la lecture d'un rapport fait par M. Biot à l'Académie des Sciences, au sujet du Mémoire de M. Edmond Becquerel, intitulé : *Recherches sur les rayonnemens chimiques qui accompagnent la lumière solaire et la lumière électrique.*

Il résulte des expériences de M. Edmond Becquerel qu'une image, après avoir été reçue instantanément dans la chambre obscure sur des papiers sensibles ou sur des plaques iodées, peut être *fortifiée* et *rendue plus vive* par une exposition plus ou moins prolongée, sous un verre coloré, à la radiation solaire.

Persuadé que cette nouvelle découverte, si elle pouvait être appliquée aux épreuves daguerriennes, amènerait la solution si ardemment désirée du problème relatif au portrait, je me suis livré à des essais comparatifs dont le résultat a dépassé mes espérances.

Par le procédé que je vais indiquer, j'ai obtenu, après quelques secondes d'exposition seulement, des portraits supérieurs à ce qui a été fait de mieux par la méthode ordinaire. Ils sont surtout remarquables par un air de vie dû, sans doute, à ce que les traits du visage n'ont point eu le temps d'être altérés par la fatigue qu'amène forcément une exposition de plus longue durée.

Aucun changement n'est apporté aux préparations ordinaires : mais on doit, de toute nécessité, faire usage de la chambre noire à objectif à court foyer, et avoir égard d'ailleurs à toutes les conditions indiquées ci-dessus.

On s'est préalablement procuré un carreau de verre rouge ou à défaut un carreau de verre jaune orangé, d'une couleur bien homogène, et autant que possible sans bulles ni défauts. Ce verre a été coupé de manière à pouvoir remplacer, dans le cadre où se met la plaque iodée, la planchette noire qui sert ordinairement à la préserver de la lumière du jour.

La plaque iodée ayant été substituée au verre dépoli dont on s'est servi pour mettre au foyer, on recommande à la personne qui pose l'immobilité la plus parfaite, et l'on ouvre vivement l'opercule de l'objectif.

Si l'on opère en plein soleil, on ferme l'opercule après quelques secondes d'exposition (1).

Si le ciel est couvert de nuages blancs, on prolonge l'exposition jusqu'à 30 ou 60 secondes, jamais plus.

Puis aussitôt on ferme l'opercule, et, au lieu de la planchette noire qui couvrait la plaque avant l'exposition, on glisse le verre coloré, et l'on porte la plaque ainsi recouverte dans un endroit où le verre peut recevoir, à l'abri des rayons directs du soleil, la lumière diffuse du ciel (2). Après un intervalle de temps qui varie entre dix et quinze minutes, la plaque est portée dans la boîte au mercure, et l'opération est terminée.

Le procédé que je viens de décrire est complètement nouveau; c'est celui qui m'a donné les plus belles épreuves, et je n'hésiterais pas à le proclamer comme le plus parfait à employer, non pas seulement pour les portraits, mais encore pour toutes les reproductions daguerriennes, si l'on pouvait à l'avance déterminer les durées d'exposition dans les deux phases de l'opération. A cet égard, l'incertitude qui existe dans les expériences ordinaires du Daguerréotype se reproduit avec cette circonstance particulière que les deux expositions, dans la chambre obscure et sous le verre rouge, ayant entre elles, quant à l'effet, une intime liaison, il importe que la durée de l'une soit calculée d'après celle de l'autre. Cette difficulté, au surplus, est loin d'être insurmontable, et je puis promettre à ceux qui ne se laisseront pas décourager par quelques résultats infructueux, des succès qui les récompenseront amplement de leur persévérance.

(1) Dans les mois d'été, lorsque le soleil est élevé et brûlant, il y a avantage, nécessité même, de tenir devant la personne qui pose un grand carreau de verre bleu.

(2) On pourrait aussi exposer la plaque au soleil plein, mais alors il faudrait la retirer après quatre ou cinq minutes. J'engage toutefois à ne point user de cette faculté et à tenir la plaque à l'ombre; c'est le moyen d'éviter que les défauts du verre coloré marquent sur la plaque et détériorent l'épreuve.

Au nom de M. Claudet, Français domicilié à Londres, M. Lerebours a soumis à l'Académie des Sciences un procédé qui diminue beaucoup la durée du temps nécessaire à l'exposition dans la chambre obscure.

Quoique la présente notice fût déjà à cette époque (7 juin 1841) livrée à l'impression, j'en ai retardé la publication afin de faire connaître la nouvelle méthode, si les expériences que je me réservais de faire en constataient l'efficacité. A cet égard, ma conviction est aujourd'hui complète : et tout en regrettant que, par la nature de la substance dont le concours est nécessaire, cette méthode présente quelque danger et soit d'une exécution difficile, je ne puis cependant m'empêcher de reconnaître qu'elle accélère beaucoup la production des épreuves en même temps qu'elle leur donne une vigueur tout-à-fait particulière.

Ce procédé consiste à employer successivement, pour faire naître sur la plaque la couche sensible, la vapeur d'iode pure et celle d'un chlorure d'iode préparé suivant certaines conditions.

La plaque étant préparée comme à l'ordinaire, on la met dans la boîte à iode, et lorsqu'elle a atteint la couleur jaune d'or indiquée page 20, on la promène au-dessus du flacon contenant le chlorure d'iode, ou mieux au-dessus d'un verre dans lequel on a versé quelques gouttes de cette substance, qui la jaunit très-promptement. Il faut avoir soin de la promener régulièrement et très-vivement pour obtenir une couche bien uniforme. On la remet ensuite, pendant quelques secondes, dans la boîte à iode, et elle est prête à recevoir l'impression de la lumière.

Comme cette substance est très-vaporisable, et qu'elle perd rapidement ses propriétés accélératrices au contact de l'air, il est important de tenir le flacon bien fermé quand on n'opère pas.

La durée de l'exposition de la plaque à la lumière est, eu égard au foyer de l'objectif, du cinquième au huitième de la même durée dans les conditions ordinaires.

PROCÉDÉ

POUR FIXER LES IMAGES PHOTOGRAPHIQUES,

PAR M. H. FIZEAU.

(Extrait des comptes rendus des séances de l'Académie des sciences,
10 août 1840.)

« Depuis la publication des procédés photogéniques, tout le monde, et M. Daguerre le premier, a reconnu que quelques pas restaient encore à faire pour donner à ses merveilleuses images toute la perfection possible. Je veux parler de fixer les épreuves, et de donner aux lumières du tableau plus d'intensité.

» Le procédé que je soumets à l'Académie me paraît destiné à résoudre en grande partie ce double problème : il consiste à traiter à chaud les épreuves par un sel d'or préparé de la manière suivante :

» On dissout un gramme de chlorure d'or dans un demi-litre d'eau distillée; trois grammes d'hyposulfite de soude dans un autre demi-litre d'eau également distillée ; on verse alors la dissolution dans celle de soude peu à peu et en agitant. La liqueur mixte, d'abord légèrement jaunâtre, ne tarde pas à venir parfaitement limpide ; elle paraît consister en un hyposulfure double de soude et d'or, plus du sel marin qui ne paraît jouer aucun rôle dans l'opération.

» Pour traiter une épreuve par ce sel d'or, il faut que la surface du plaqué soit parfaitement exempte de corps étrangers, et surtout de corps gras; il faut par conséquent qu'elle ait été avée avec quelques précautions, que l'on néglige lorsque l'on veut s'arrêter au lavage ordinaire.

» La manière suivante réussit le plus constamment : L'épreuve étant encore iodée, mais exempte de poussière et de corps gras, sur les deux surfaces et les épaisseurs, l'on verse quelques gouttes d'alcool sur la surface iodée. Quand l'alcool a humecté toute la surface, on plonge la plaque dans la bassine d'eau, puis de là dans la solution d'hyposulfite. Cette solution doit être renouvelée à chaque épreuve, et contenir environ une partie de sel pour quinze d'eau. Le reste du lavage s'effectue comme à l'ordinaire, seulement l'eau de lavage doit être autant que possible exempte de poussière.

» L'emploi de l'alcool a eu simplement pour but de faire adhérer parfaitement l'eau à toute la surface de la plaque et d'empêcher qu'elle ne se retire sur les bords au moment des diverses immersions, ce qui produirait infailliblement des taches.

» Quand une épreuve a été lavée avec ces précautions, fût-elle fort ancienne, le traitement par le sel d'or est de la plus grande simplicité ; il suffit de placer la plaque sur le châssis de fil de fer qui se trouve dans tous les appareils, de verser dessus une couche de sel d'or, suffisante pour que la plaque en soit couverte, et de chauffer avec une forte lampe. On voit alors l'épreuve s'éclaircir et prendre en une minute ou deux une grande vigueur. Quand l'effet est produit, il faut verser le liquide, laver la plaque et faire sécher.

» Dans cette opération, de l'argent s'est dissous, et de l'or s'est précipité sur l'argent et sur le mercure, mais avec des résultats bien différens. L'argent qui, par son miroitage, forme les noirs du tableau, est en quelque sorte bruni par la mince couche d'or qui le couvre, d'où résulte un renforcement dans les noirs ; le mercure, au contraire, qui, à l'état de globules infiniment petits, forme les blancs, augmente de solidité et d'éclat par son amalgame avec l'or, d'où résulte une fixité plus grande et un remarquable accroissement dans les lumières de l'image. »

Observation. — De tous les perfectionnemens apportés au Daguerréotype depuis deux années, le procédé de M. Fizeau est sans contredit le plus réel et plus important. L'opération réussit généralement bien. Cependant il arrive quelquefois que des taches se manifestent sur la plaque lors du chauffage. Cette circonstance fâcheuse nous a paru provenir de ce que la plaque sur laquelle on verse le chlorure d'or, au lieu d'être plane, se trouve ordinairement un peu concave, et n'est pas d'ailleurs placée sur le réchaud dans un niveau parfait. De là vient que le liquide, inégalement répandu sur toute la surface de la plaque, s'échauffe plus promptement dans les endroits où il est moins abondant, et laisse des traces ineffaçables partout où la vaporisation a été plus prompte. Pour éviter cet inconvénient grave, nous avons pris l'habitude de faire chauffer le chlorure et la plaque qui y est immergée dans une des bassines de cuivre. Ce moyen occasionne sans doute une plus grande dépense de chlorure d'or, mais il a l'immense avantage de ne pas faire craindre la perte d'une belle épreuve. On aurait encore un résultat plus certain si l'on se servait d'une cuvette en porcelaine ou en doublé d'argent.

NOTE

SUR

LES EFFETS OPTIQUES DE LA CHAMBRE NOIRE

APPLIQUÉE AUX EXPÉRIENCES DU DAGUERRÉOTYPE.

Lorsque l'on veut reproduire, à l'aide du Daguerréotype, les images des monumens et des sites naturels, on s'occupe généralement fort peu de la proportion dans laquelle les objets sont réduits et de la distance à laquelle ils se trouvent. Si on est trop près d'un monument, et qu'il y ait impossibilité de s'en éloigner, on se contente de n'en reproduire qu'une partie. Si, au contraire, il s'agit d'un point de vue éloigné, l'horizon, à droite ou à gauche, en haut ou en bas, n'étant pas limité, la plaque se trouve remplie dans le sens horizontal par une partie plus ou moins étendue du paysage, et dans le sens vertical par plus ou moins de ciel. Quelle que soit la réduction opérée, l'on se contente du résultat sans rechercher quelle est la proportion de l'image relativement à la grandeur des objets : et en effet, dans cette circonstance, ce point n'est pas bien important à connaître.

Il n'en est pas de même pour les objets de petite dimension, qui doivent être placés très-près de la chambre obscure, tels, par exemple, les personnes dont on veut reproduire les portraits, les tableaux, les statues et les groupes d'objets d'art dont on veut obtenir le dessin photogénique. On tient à reproduire ces objets dans des proportions données, ou tout au moins on désire que leur image couvre une certaine étendue de la plaque. Alors ordinairement on tâtonne pour trouver à quelle distance de la chambre noire ils doivent être placés.

Quelquefois on arrive, mais souvent aussi on ne parvient pas à obtenir le résultat désiré, parce qu'on ignore que le foyer de l'objectif et la disposition de la chambre noire ne peuvent remplir le but qu'on se propose, et qu'ainsi l'on demande à l'appareil plus qu'il ne peut donner.

Ces difficultés, dont la solution ne se trouve dans aucune des brochures qui ont été publiées sur le Daguerréotype, m'ayant été fort souvent exposées, j'ai pensé qu'il serait utile pour les personnes qui veulent faire des portraits, soit en buste, soit en pied, ou reproduire les objets d'art, de trouver ici les principes sur lesquels ils doivent se guider.

On sait en optique, comme règle générale, que l'image d'un objet produite derrière un verre grossissant quelconque, sera la 1/2, le 1/3, le 1/4 de la grandeur de l'objet lui-même, selon que la distance du verre à l'objet sera le foyer du verre multiplié par le dénominateur de ces fractions augmenté de l'unité.

Ainsi, d'après ce principe invariable,

L'image sera égale à l'objet lorsque la distance à l'objectif sera 2 fois le foyer.
Elle sera la 1/2 de l'objet — 3 fois id.
— le 1/3 id. — 4 fois id.
— le 1/4 id. — 5 fois id.

Si on en fait l'application numérique, supposant le foyer de 38 centimètres, et voulant obtenir des images réduites à 1/6, il faudra placer l'objet à sept fois le foyer de l'objectif, c'est-à-dire à 2 mètres 66 centimètres du verre.

Le tableau ci-après a été calculé de manière à faire connaître de suite à quelle distance on doit placer un objet lorsque l'on veut en obtenir une image réduite dans une proportion donnée.

Quand l'on fait des épreuves, assez généralement on désire que les images remplissent toute l'étendue de la plaque ou tout au moins l'une de ses dimensions. Nous supposerons que ce soit la plus longue des deux; alors, comme cette dimension est constante, afin qu'un objet dont la grandeur est donnée puisse produire une image qui remplisse toute la plaque, il s'agit de trouver à quelle distance on doit placer cet objet de la chambre noire.

Supposons que l'on fasse usage du grand appareil pourvu d'un objectif de 38 centimètres de foyer. Les plaques, dans leur plus grande dimension, peuvent recevoir des images de 20 centimètres. Supposons encore que l'on se propose de reproduire une statue de 1 mètre de hauteur. En consultant le tableau, la colonne n° 3 indique que si les images ont 20 centimètres, il faudra, d'après la colonne n° 4, placer la chambre noire à 2 mètres 28 centimètres de la statue, et alors la colonne n° 2 indique que la réduction sera au 1/5 de l'objet. Si la statue n'avait pas exactement 1 mètre de hauteur, qu'elle eût plus ou moins, comme 140 ou 80 centimètres, l'image étant toujours de 20 centimètres, on diviserait l'un ou l'autre nombre par 20, et l'on aurait pour quotient 7 ou 4; c'est-à-dire que, dans le premier cas, l'image étant réduite au 1/7°, il faudrait placer la chambre noire à 3 mètres 4 centimètres, et dans le second cas, la réduction étant de 1/4, la distance devrait être de 1 mètre 90 centimètres. Si la division ne s'opérait pas en nombre rond comme ci-dessus, on approximerait la réduction et l'on calculerait la distance comme dans l'exemple suivant : soit un objet de 108 centimètres de hauteur ; divisant par 20, on aura 8, 8; ainsi, dans ce cas, la réduction sera presque 1/9, et l'on se placera à 3 m. 80 cent. à peu près.

On voit donc qu'à l'aide du tableau, on peut, quel que soit l'appareil dont on fait usage, connaître la réduction de l'objet et la distance à laquelle il doit être éloigné de l'objectif. On sait aussi quels sont les problèmes impossibles à résoudre ; car si, avec la grande chambre noire et un objet de 1 mètre on désirait une réduction au 1/4, il serait impossible que l'image fût entière, attendu qu'il faudrait pour cela que la plaque eût 25 centimètres (et elle n'en a que 20), et qu'elle fût à 47 centimètres 1/2 de l'objectif, ce qui est impossible, puisque le plus grand écartement est de 42 centimètres.

— 43 —

La distance de l'objet à l'objectif étant son foyer multiplié par les nombres ci-dessous.	La réduction de son image en sera	Et si la grandeur de l'objet est de un mètre, celle de son image sera	OBJECTIF foyer 38 centimèt.		OBJECTIF foyer 27 centimèt.		OBJECTIF foyer 20 centimèt.		OBJECTIF foyer 10 centimèt.	
			distance de l'objet à l'objectif	distance de la plaque à l'objectif	distance de l'objet à l'objectif	distance de la plaque à l'objectif	distance de l'objet à l'objectif	distance de la plaque à l'objectif	distance de l'objet à l'objectif	distance de la plaque à l'objectif
1	2	3	4	5	6	7	8	9	10	11
2 fois	égale à l'objet	100	76	76	54	54	40	40	20	20
3 dit	la 1/2	50	114	57	81	40,5	60	30	30	15
4	le 1/3	33,3	152	50,6	108	36	80	26,6	40	13,3
5	le 1/4	25	190	47,5	135	33,7	100	25	50	12,5
6	le 1/5	20	228	45,6	162	32,4	120	24	60	12
7	le 1/6	16,6	266	44,3	189	31,5	140	23,3	70	11,6
8	le 1/7	14,3	304	43,4	216	30,8	160	22,8	80	11,4
9	le 1/8	12,5	342	42,7	243	30,3	180	22,5	90	11,2
10	le 1/9	11,1	380	42,2	270	30	200	22,2	100	11,1
11	le 1/10	10	418	41,8	297	29,7	220	22	110	11

Dans ce tableau le centimètre est l'unité de mesure.

Lorsque M. Daguerre a publié sa merveilleuse découverte, il a fixé toutes les dimensions de son appareil, et il a déclaré que depuis plus de dix ans il avait constamment fait des essais de tous genres, tout aussi bien sur les dimensions et dispositions de l'objectif que sur toutes les autres parties. L'on a accepté cela comme une loi ; et en effet, bien qu'il y eût été conduit par des essais et des tâtonnemens infinis, la marche des rayons lumineux, dans l'instrument primitif, s'est trouvée pour ainsi dire d'accord avec la théorie. Mais lorsqu'on a voulu faire plus petit ou plus grand, M. Daguerre n'ayant pas indiqué les relations qui lient entre elles toutes les parties de son appareil, il a fallu se livrer à de nouveaux essais. C'est pour remplir cette lacune que je crois indispensable de faire connaître aux personnes qui se servent du daguerréotype, et aussi à celles qui les construisent, les relations qui doivent exister entre le diamètre et le foyer de l'objectif, les dimensions de la plaque, la position et l'ouverture du diaphragme. C'est faute de connaître ces relations que beaucoup de personnes, qui cherchent à perfectionner et abréger la manipulation des épreuves, font chaque jour aux constructeurs de ces instrumens des demandes et des plaintes auxquelles ceux-ci ne peuvent quelquefois pas répondre. Depuis que l'on fait des daguerréotypes de plusieurs dimensions, et par conséquent des objectifs de divers foyers, les constructeurs sont un' peu dans le vague pour déterminer toutes ces relations. Les amateurs (et je ne veux parler que de ceux qui s'occupent du daguerréotype avec ardeur et qui en font une étude pratique toute spéciale), ces amateurs, dis-je, essayent des objectifs de divers foyers, ouvrent ou rétrécissent, éloignent ou approchent leur diaphragme, ce qui augmente ou diminue l'ouverture efficace de leur objectif. Lorsqu'ils ont fait une très-bonne épreuve, ils en attribuent la cause à la disposition qu'ils ont donnée, puis ils viennent chez le constructeur lui indiquer cela comme une loi de perfectionnement.

D'autres veulent obtenir des images plus grandes que ne peuvent le donner les conditions du foyer de l'objectif; et comme alors ces images sont diffuses sur les bords et ne peuvent être autrement, malgré la bonne qualité de l'objectif et tout le soin de l'opérateur, on attribue la cause à l'imperfection du verre, et l'on fait à l'opticien des reproches qu'il ne mérite pas; car c'est une tendance naturelle, que j'ai remarquée chez toutes les personnes qui s'occupent du daguerréotype, d'attribuer d'abord à la mauvaise qualité de l'objectif la non réussite de leurs épreuves. Sa qualité est sans contredit, comme je l'ai dit plus haut, l'âme du daguerréotype. Mais lorsque l'opticien a rempli toutes les conditions que j'ai indiquées ci-dessus, il ne peut faire plus ; et c'est alors à celui qui construit l'instrument à savoir le monter dans des conditions qui satisfassent aux principes d'optique indiqués dans les traités de cette science.

La dimension fixée par M. Daguerre pour la grandeur des plaques de son appareil était et est encore, à très-peu près, 16 1/2 centimètres sur 21 1/2. Mais comme elles éprouvent une certaine perte d'abord par l'apposition des bandelettes, puis ensuite par leur encadrement, on peut en compte rond estimer à 20 centimètres la plus grande dimension de l'image pure. Si on compare cette dimension avec le foyer de l'objectif qui avait été fixé, par M. Daguerre, à 38 centimètres, on verra que la plus grande dimension de la plaque est, à très-peu près, la moitié du foyer de l'objectif.

Cette donnée étant prise pour base, et faisant la construction géométrique en prenant les rayons extrêmes qui déterminent la grandeur de l'image sur la plaque, c'est-à-dire ceux qui déterminent le champ de l'instrument, on trouve que les rayons extrêmes qui partent des bords de l'objet, et qui viennent se croiser au centre de l'objectif, font, avec son axe, à très-peu près un angle de 14 degrés. Cet angle est précisément dans les conditions convenables pour former une image pure ou avec peu d'aberration (1). Nous pouvons donc déjà donner pour règle que, dans une chambre noire quelconque, il ne faut pas vouloir obtenir des images pures au-delà de ces limites, et qu'il faut les restreindre de telle sorte, que le diamètre de l'image soit la moitié du foyer de l'objectif. Voilà donc déjà le rapport de la grandeur de l'image avec le foyer de l'objectif.

Pour avoir celui de son diamètre efficace, c'est-à-dire la surface par laquelle pénètrent les rayons lumineux qui concourent

---

(1) Ce principe se trouve particulièrement démontré dans le Traité élémentaire d'astronomie physique de M. Biot, dont le premier volume vient de paraître. Ce savant, l'un de ceux qui s'est le plus occupé de la marche des rayons lumineux dans les instrumens d'optique, y a démontré que dans ces instrumens, comme condition de bonne construction pratique, la limite des angles d'incidence et d'émergence ne devait pas excéder 15 degrés.

à la formation de l'image, on pourra, en compte rond, donner à l'ouverture efficace de l'objectif 1/7 de son foyer. On trouvera dans ce cas que le rayon oblique, incident à l'extrême bord de l'objectif, ne s'éloignera pas beaucoup des limites d'incidence. On trouvera aussi que la position du diaphragme doit être située dans le plan d'intersection des rayons qui passent par l'axe central de l'objectif, et de ceux obliques extrêmes qui le rencontrent à la circonférence. Par la construction géométrique, il en résultera une règle facile à retenir, qui sera celle-ci :

Si on se propose de donner à l'ouverture efficace de l'objectif 1/7 de son foyer, sa distance au diaphragme devra être, à très-peu près, le 1/7 de son foyer, et son ouverture sera à très-peu près aussi la moitié de sa distance.

D'après ces principes, on peut construire des daguerréotypes de toutes les dimensions. Il ne faut donc pas croire qu'il y avait perfectionnement, lorsque peu après la découverte de M. Daguerre on produisit des épreuves qui avaient environ 35 centimètres, tandis que celles de M. Daguerre n'en avaient que 20 ; le seul mérite de cette nouveauté consistait à se servir d'un appareil volumineux, plus difficilement maniable et d'autant plus cher que le diamètre de l'objectif était plus grand. Supposons qu'on veuille obtenir des images de 1 mètre de grandeur ; d'après les règles posées ci-dessus, le foyer de l'objectif devrait être de 2 mètres, son diamètre efficace de 285 millimètres ; le diaphragme devrait être placé à 285 millimètres en avant de l'objectif, et son ouverture 142 millimètres (1).

C'est sur ces principes que sont construits mes appareils, qui sont connus dans le commerce sous la dénomination de plaques entières, 1/2 plaques, 1/4 de plaque et 1/8 de plaque, ou appareils à portrait.

Ces principes ne sont pas des limites auxquelles il faille en

---

(1) Il faut toujours, selon le foyer de l'objectif, faire son diamètre de 10 à 20 millimètres plus large que le diamètre efficace, l'expérience a prouvé que les bords de l'objectif étant toujours un peu arrondis par le travail, ils ne doivent pas concourir à la formation des images.

tout point satisfaire rigoureusement; on peut aller un peu en-deçà ou un peu au-delà, et avoir encore un bon instrument; elles sont indiquées seulement dans le but de prévenir les personnes qui se servent des daguerréotypes, qu'il ne faut pas qu'elles exigent des images nettes plus grandes que ne le comporte le foyer et le diamètre efficace de l'objectif. J'ai eu bien souvent l'occasion de voir que des personnes habiles à faire de très-bonnes épreuves ne savaient à quoi attribuer leur non réussite, et la seule cause était qu'elles voulaient des images pures beaucoup plus grandes que le foyer de l'objectif ne pouvait les donner.

FIN.

TABLE DES MATIÈRES.

Introduction .... Page 5
Description de l'appareil 8
Description des procédés pratiques................ 14
— polissage des plaques..................... 15
— Iodage................................... 19
— Exposition dans la chambre noire........... 21
— opération au mercure...................... 26
— lavage des plaques........................ 27
Méthode pour faire les portraits..................... 31
Procédé pour fixer les images photographiques............. 37
Note sur les effets optiques de la chambre noire appliquée aux expériences du daguerréotype................. 40

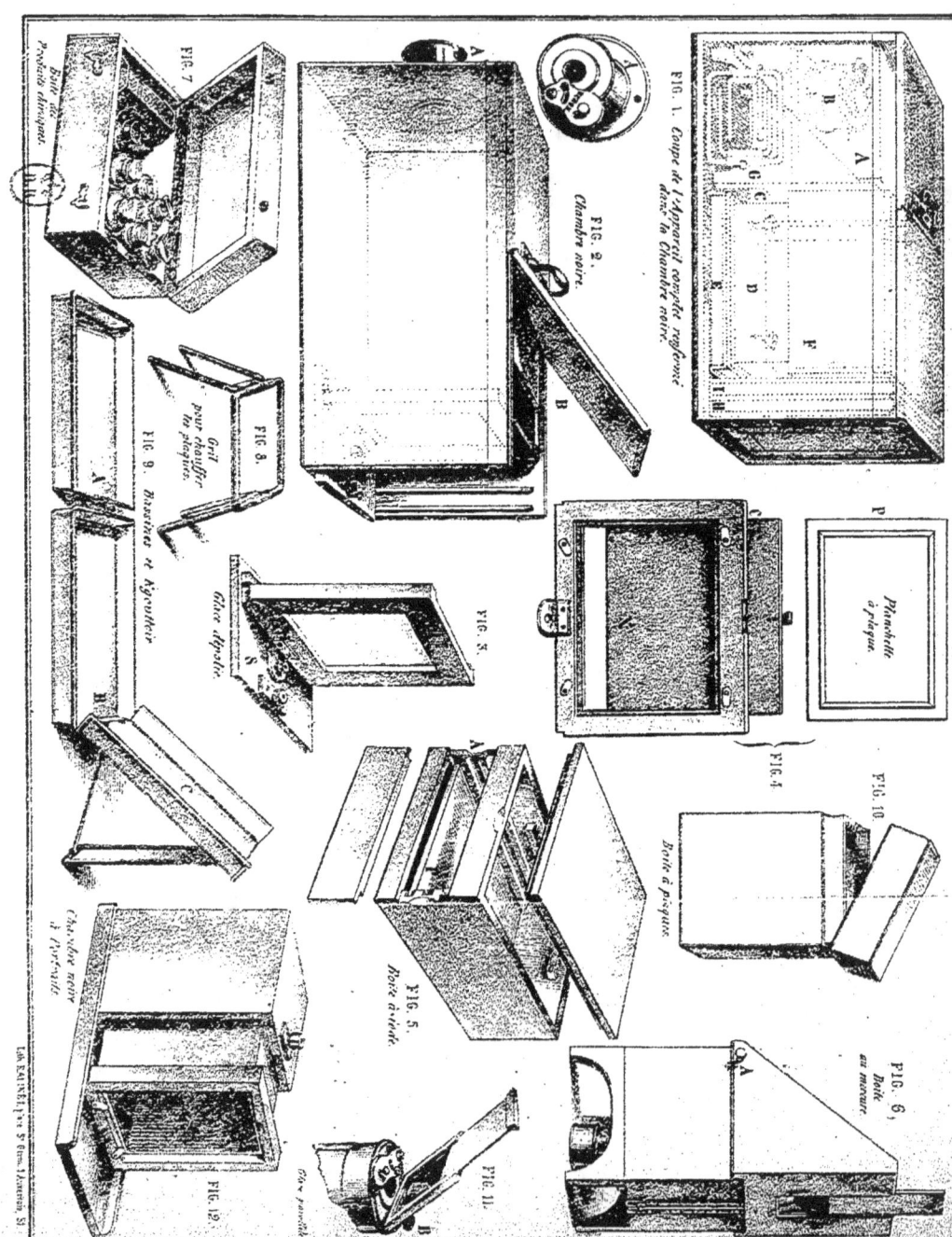